國學經典

国学经典启蒙丛书

礼仪传承

王永豪 主编／王永豪 编

诵读国学经典
传承中华文明

中国文史出版社

图书在版编目（CIP）数据

礼仪传承 / 王永豪编 .—北京：中国文史出版社，2016.5
（国学经典启蒙丛书 / 王永豪主编）
ISBN 978-7-5034-7770-6

Ⅰ.①礼… Ⅱ.①王… Ⅲ.①礼仪—文化—中国—青少年读物 Ⅳ.① K892.26-49

中国版本图书馆 CIP 数据核字（2016）第 119260 号

责任编辑：程　凤

出版发行：	**中国文史出版社**
网　　址：	www.chinawenshi.net
社　　址：	北京市西城区太平桥大街 23 号邮编：100811
电　　话：	010—66173572　66168268
印　　装：	北京新华印刷有限公司
经　　销：	全国新华书店
开　　本：	787 × 1092　1/16
印　　张：	3.5
字　　数：	27 千字
版　　次：	2017 年 1 月北京第 1 版
印　　次：	2018 年 12 月第 2 次印刷
定　　价：	18.00 元

总序

华夏五千年文化根深叶茂，源远流长，是中华民族精神家园的滋养和庇护，是民族强盛的基础。因为，“一个国家、一个民族的强盛，总是以文化兴盛为支撑的，中华民族伟大复兴需要以中华文化发展繁荣为条件”；“博大精深的中华优秀传统文化是我们在世界文化激荡中站稳脚跟的根基”；“体现一个国家综合实力最核心的、最高层的，还是文化软实力，这事关一个民族精气神的凝聚”；“要系统梳理传统文化资源，让收藏在禁宫里的文物、陈列在广阔大地上的遗产、书写在古籍里的文字都活起来。”让国学回归、传统文化复兴是吾辈在新的历史转折点上时代赋予的使命。

只有文化底蕴深厚的民族才能盛产精神贵族。什么样的内心及精神状态是精神贵族的必备呢？这大概没有标准答案，不过我们可以尝试找出一些大家共同认可的例子。“君子”应该能算是精神贵族，“可以托六尺之孤，可以寄百里之命，临大节而不可夺也，君子人与？君子人也”。(《论语》)“士”应该能算是精神贵族，“士不可以不弘毅，任重而道远。仁以为己任，不亦重乎？死而后已，不亦远乎？”(《论语》)“大丈夫”应该能算得上是精神贵族，“富贵不能淫，贫贱不能移，威武不能屈，此之谓大丈夫。”(《孟子》)子路应该算得上是精神贵族，“衣敝缊袍，与衣狐貉者立，而不耻者，其由也与”；柳下惠应该算是精神贵族，“直道而事人，焉往而不三黜？枉道而事人，何必去父母之邦？”等等。所以，中华民族从来不缺精神贵族，而且代不乏人，层出不穷。

内心高贵才是真正的高贵，内心强大才是真正的强大！我们很难穷举精神贵族的特质，但精神贵族肯定有强大的内心，能够做到“聪明睿知，足以有临也；宽裕温柔，足以有容也；发强刚毅，足以有执也；齐庄中正，足以有敬也；文理密察，足以有别也”。(《中庸》)，易言之，要有是非心、包容心、从容心、决断力，等等。无论如何，精神贵族一定是伟岸的人，而不是委琐的人，是君子儒，不是小人儒，他们追求的一定是优雅、从容、有尊严的生活。

读书是门槛最低的高贵行为。而这些书一定要是经过历史长期沉淀下来的，穿越千年时空而与我们相遇的经典。这些经典中有中华民族最深沉的智慧和最有亲和力的温度。在某种程度上说，因为经典的滋养，时空虽然转换，民族精神与气节不变。在这些经典中学习格物致知，经世致用之理，成就自己穷理正心，修己治人之道。所以，多读书，读好书至关重要，但“怎么读”也是一个不可忽视的问题。从专业角度看，具有科学、系统、完整的内容体系；从过程上看，让学习者喜闻乐见、生动有趣的形式；同时从结果看又行之有效的学习方法可以让学习事半功倍。这也就是我们这套《国学经典启蒙丛书》对经典文本取舍和编排的依据。

从方法上说，中国传统社会历来重视教育，包括蒙学教育，并在长期的教育实践中摸索出一整套系统完整科学的教育方法。传统社会中流传最广、影响最大的蒙学教材《三字经》简明扼要地指出国学启蒙的教育方法是：“凡训蒙，须讲究，详训诂，明句读。为学者，必有初，小学终，至四书。……孝经通，四书熟，如六经，始可读。……经既明，方读子。……经子通，读诸史，考世系，知终始。”意思就是说，国学启蒙教育的方法是让孩子先有基本的认知能力，继之训练儿童的文字阅读能力，然后再读“四书”、“五经”，再读诸子百家书籍，最后读历史类书籍。我们这套《国学经典启蒙丛书》在内容选择上尊重了前人这些宝贵的教学经验。在第一套中首先选入“小学”的经典篇目《三字经》、《百家姓》、《千字文》、《弟子规》和《声律启蒙》，接下来再选入“大学”经典文本《孝经》、《大学》和《中庸》。同时考虑到古人“不学礼，无以立”的说法以及八岁入小学，学习洒扫、应对、进退之礼的实际，本丛书中我们也入选了《礼仪传承》一书，以使国学初学者，尤其是青少年甚至幼少儿行有所依。我们建议学习者以对“原文”部分的诵读为主，在反复诵读的基础上参考“注释”和“译文”，从而达到最好的学习效果。

从形式上，编撰本丛书的时候，我们努力做到理解与记忆相结合、动手与动脑相结合、传统和现代相结合。因此，在诵读的基础上，我们加入《茶韵初识》一书，使学习者开拓视野，增加认知，提高学习兴趣。

在本丛书的编撰过程中，感谢夫子书院课程研发团队的大力支持，他们的课程“贤良方正科”、“博学鸿词科”、“道侔伊吕科”、“奇才巧艺科”对我们选定文本内容、安排出版顺序都有极大帮助。

同时，因为学有不逮，本丛书一定存在不少错误，我们编写组愿意悉心听取您的批评指正。

王永豪

前　言

中华民族历来有懂礼、习礼、守礼、重礼的优良传统，所以被称为礼仪之邦。礼仪是一种社会规范，是对人们行为规范的约束，是文明的象征，是人与禽兽的分水岭。孟子曰："人之所以异于禽兽者几希。"孟子的意思是说："人和禽兽的差异就那么一点儿。"这一点点儿区别就是道德礼仪。所以说，礼仪是人之所以为人的原因，是人与动物的根本区别。

礼仪的作用是极大的，可以治理国家，使社稷安定，使人民生活有序，和谐相处。所以《左传·隐公十一年》曰："礼，经国家，定社稷，序民人，利后嗣者也。"

礼仪的范围是极广的，涉及到我们日常举手投足、衣食住行等所有细节，一举一动都有礼的规定。行为合乎礼仪是有修养的表现，一个粗鄙无文的人是很难登大雅之堂的。现在很多人忽视了为人处事在礼仪上的要求，站没站相，斜斜歪歪；坐没坐相，松松垮垮；吃没吃相，杯盘狼藉……这是很悲哀的！

是时候重建礼仪文化了！

最后要说明的是，本书是在李炳南先生《常礼举要》基础上对先生礼仪思想的诠释，在此向李炳南先生致以崇高的敬意和谢意！

王永豪

目录

第一章 居家

家庭是我们生活的大本营，是人生旅途的庇护所和加油站。自古以来，家庭不仅为其成员提供一个稳定的私人生活场所，同时，家庭还是社会的缩影，是个人与社会连接的桥梁，很多仪式、礼节都是先在家庭预演，然后再施行于社会的。

一、为人子不晏起①，衣被自己整理，晨昏必定省②。

二、为人子坐不中席③，行不中道。

三、为人子出必告，反必面。

四、长者与物，须两手奉接。

五、徐行后长，不疾行先长。

六、长者立不可坐，长者来必起立。

注释

① 晏起：睡懒觉，很晚才起床。

② 晨昏定省：晚间服侍就寝，早上省视问安。是旧时侍奉父母的日常礼节。

③ 中席：席位的中间，指尊者的位置。《礼记·曲礼上》："为人子者，居不主奥，坐不中席。"孔颖达疏："共坐则席端为上，独坐则席中为尊。尊者宜独，不与人共，则坐常居中，故卑者坐不得居中也。"

解读

一、作为孩子，每天要早早起床，不要贪睡。自己的衣物要自己整理，每件衣物都有固定的位置，要把他们排放得整整齐齐。每天晚上睡觉前都要到父母房间服侍他们就寝，每天早上起床后再到父母房间问候父母，看他们昨天晚上睡得好不好。

二、作为孩子，坐下的时候不能坐在最中间的位置上，因为中间的位置最尊贵，要把这个位置留给家中长辈。行走的时候要靠边行走，不要走在路的中间。在现在社会，更是不能走在路中间，以免阻挡了车辆与行人。更何况，走在路中间危险很大，行人靠右行走最安全。

三、作为孩子，每次出门都要和父母或者其他家人告别。比如你每天上学，出门前要告诉家人；每次放学回家，到家里也要先跟家人打招呼，让他们知道你回来了。就算你下楼和小朋友玩耍，哪怕时间很短也要和父母说明。因为父母特别关注孩子的安全，哪怕只有很短的时间不知孩子的下落，家长也会着急万分。

四、父母或者其他长辈递给自己东西的时候，一定要双手接过来。如果自己给父母或其他长辈东西，要双手递过去。

五、自己在路上行走时，如果前面有长辈，不要着急超过他们，要跟在他们后面，慢慢地走，不要打扰了长辈。如果自己真的有很着急的事情要去办，要和长辈打个招呼，说明自己有事，慢慢超过他们，等拉开一定的距离，再加速前行，去办自己的要紧事情。

六、和长辈在一起，如果长辈没有坐下，自己不要着急坐下来。长辈坐下后，长辈招呼自己坐下自己再坐下。如果长辈站起来，自己也要赶紧站起来。这样才显得对长辈尊重。

七、不在长者座前踱来踱去。

八、立不中门，过门不践门限①。

九、立不一足跛，坐勿展脚如箕②，睡眠不仰不伏，右卧如弓。

十、同桌吃饭不另备美食独啖③。

十一、不挑剔食之美恶。

十二、食时不叹，不训斥子弟。

注释

① 门限：门槛。

② 展脚如箕：古人席地而坐，随意伸开两腿，八字形分开，像个簸箕，这种坐法被称为"箕踞"。这是一种不合礼节、傲慢不敬的坐法。

③ 啖（dàn）：吃或给人吃。

解读

七、身边有长者的时候，要在长者座位边安安静静地坐或站着，不要走来走去。如果不断地走来走去，会扰乱长者的思考，让人心烦意乱。其实任何时候我们都要尽量避免这种随意走过来走过去的做法，会让人觉得性情不稳，不够稳重。

八、不要在门口逗留。我们出入门口的时候，要认真观察后迅速通过。为什么说先观察好呢，因为门口人来人往，以免和别人相撞。为什么要迅速通过呢，门口是交通咽喉，你在门口逗留，停下来了，就会挡住别人，造成交通拥堵。进门的时候脚不要踩在门槛上。过去的门上都有门槛，被踩坏或者踢坏修起来很麻烦。现在虽然很少有门槛了，但是还是要注意，进门的时候要一脚迈过门口，迅速通过。大家去商场或车站码头的时候经常会乘坐扶梯，这个时候要站在扶梯的右边，以便让有急事的人从左侧通过。遇到朋友或熟人，不要在扶梯口就停下来聊天，这个一定要注意，因为很快就会堵塞交通，引起别人的不便和不满。其实，不仅限于扶梯口，比如直梯口，公共汽车门口，会议室门口，教室门口等等，都是一样道理。

九、站立的时候，要双脚平衡着地，双腿均衡受力，笔直站立，不要像跛子一样，一个脚受力，站得歪歪斜斜的。坐的时候要双腿并拢，双腿不可以随意前伸，或者叉开，这样对人不礼貌。睡觉的时候不要仰睡也不要趴着睡，要右侧卧位，身体自然蜷曲，像一张弓的样子。睡觉的时候右侧卧最符合人的生理特点，因为心脏在左侧，右侧卧睡觉的时候，心脏不受压迫，有利于睡眠。

十、大家一起吃饭的时候，要吃一样的饭菜，不可以自己再单独准备一份更好吃的饭菜。如果确实另外准备了，要大方地拿出来和大家共享。这也是和家人同甘共苦的一种表现。或者说要从小养成和家人同甘共苦的好习惯。

十一、做饭很辛苦，家人将饭做好后，我们要尽量把所有的饭菜都吃完，不要挑三拣四。

十二、吃饭的时候要高高兴兴，不要随便叹气，这样会影响家人的情绪和食欲。作为家长或者家里的姐姐哥哥，吃饭的时候不要教育训斥孩子或弟弟妹妹。那样的话，被批评的人情绪会变差，情绪不好会影响消化系统，引起消化不良。

第二章 | 在校

学校是学生学习、生活的重要场所。作为一个孩子，学校生活占据了自己一天中大部分时间，充分利用这段时间可以学到丰富的新知识；和老师同学相互交流，又可以增长见闻。与他们友好相处，对自己在学校的学习效果至关重要。

一、升降国旗及唱国歌、校歌时，肃立示敬。

二、师长上下课时，起立致敬。

三、向师长质疑问难[①]，必起立。

四、路遇师长，肃立道旁致敬。

五、听讲时，应端坐或直立；不支颐交[②]股[③]，弯腰，翘足。

六、考试时，不交头接耳，或左顾右盼。

七、安其学而亲其师，乐其友而信其道。

注释

① 问难（nàn）：诘问辩驳。这里指和老师讨论问题。

② 支颐（yí）：以手托下巴。颐：面颊，腮。

③股：大腿，自胯至膝盖的部分。

解读

一、升降国旗及唱国歌、校歌时，要保持面容严肃庄重以示敬意。

二、老师上课和下课时，要起立向老师表示敬意与谢意。对老师的辛苦工作表示敬意，因为老师来上课之前要用很长的时间精心备课，下课后还要给学生批改作业，这都是很辛苦的工作。同时还要对老师的教导表示谢意，因为老师的言传身教对学生增长知识、学习做人都有很大的帮助。

三、有疑问向老师请教的时候，要站起来发问。这样做是对老师的恭敬，而且站起来后也容易让自己精力集中，能更好地理解老师的讲解。其实我们任何时候在寻求别人帮助时，都要态度恭敬严谨，这样别人才更乐于提供帮助。

四、在路上遇到老师，要退到路边，向老师致敬，等老师过去自己再继续前进。

五、在听老师讲课时，根据情况可以坐着也可以站着，但坐要端正地坐着，站要笔直地站着。听老师讲课的时候不可以以手托腮，或翘二郎腿，也不可以弯腰驼背，或翘起脚尖。

六、考试的时候不可以做出交头接耳、东张西望、左顾右盼等小动作，要认认真真地书写自己的试卷。如果你小动作不断，可能会影响别人的专心思考，而且也容易被监考人误会，以为你要作弊。

七、要潜心于学业并亲敬师长，与同学们和睦相处并深信所学圣贤之道，即使离开师友也不要违背。

第三章 | 处世

人长大后总要和别人打交道，好的为人处世方式可以让自己的朋友越来越多，朋友多了路好走。而差的处世之道却让朋友一个接一个地离自己而去，最后成为孤家寡人，从而处处碰壁。

一、无道人之短，无说己之长。

二、家庭之事，不可向外人言。

三、口为祸福之门，话要经一番考虑再说。见失意人，不说得意语；见老年人，不说衰丧话。

四、交浅不可言深，绝交不出恶声。

解读

一、尺有所短，寸有所长。每人都有自己的长处与不足。不要谈论别人的短处，也不要炫耀自己的长处。更何况，人只要努力学习，总会不断进步，或许有一天，你的长处反而不如别人了呢。切记：士别三日当刮目相看。

二、自己家里发生的一些事情，无论愉快还是不愉快的事情，都不要向外人说，尤其是家庭矛盾，家人之间的争执，不要随意找外人倾诉。因为家人要一直在一起，要维护家庭声誉。谚语说，“家丑不可外扬”，这是非常有道理的。

三、说出来的话，就像泼出来的水一样收不回来。胡乱说话可能会给自己招致祸端，所以说话之前一定要考虑清楚，不该说的话一定不能乱说。看到有人遇到挫折，情绪不好的时候，一定不能再说一些得意洋洋的话来刺激他。见到老年人一定不要说一些消极丧气的话，这样会让老人情绪沮丧，要多说一些积极阳光的话，用年轻人的活力感染老人，让他高兴起来。

四、如果和一个人交往很浅，还不能了解他的为人，说话要有所保留，不要说太多掏心窝的话，自己的隐私不要轻易告诉他。道不同不相为谋，就算决定和一个秉性很差的人绝交，也不要把话说的很难听，和和气气地分手就可以了。

五、不侮辱人，不向人开玩笑。

六、与残疾人会面，须格外恭敬。

七、于肩挑小贩苦力，莫讨便宜。

八、施恩求忘，受恩必报；开罪于人须求解，开罪于我应加恕。

九、善人自当亲近，须要久敬；恶人自当敬而远之。

解读

五、不拿别人的缺点开玩笑，那样是对别人的侮辱。

六、与生理有残疾的人会面，要格外恭敬。因为生理原因，他们可能会比较敏感，特别在意别人对他们的态度。

七、买那些走街串巷的小贩的东西，不要拼命和他们讨价还价，不要沾他们的小便宜，人家是小本生意，很辛苦也挣不到什么大钱。

八、帮助了别人，自己不要总想着让别人感恩戴德；自己得到了别人的帮助，要念念不忘，以求有机会回报别人。一不小心冒犯了别人，要真诚道歉，以求得到别人的原谅；人家不小心冒犯了自己，不要太计较，从心里宽恕他们就可以了。

九、我们要多亲近心地善良的人、涵养深厚的人以及品质高超的人，并且和他们保持长久的亲近关系。因为近朱者赤，和他们多交往，久而久之，我们自己的品德修养也就不知不觉地提高了。对那些品质低劣、行为不端、浅薄无知的人要敬而远之，少和他们交往，但也不要得罪他们。

十、遇事要镇静，做不到的事，莫妄逞能。

十一、瓜田不纳履[①]，李下不整冠。

十二、凡事要合理智，不可偏重感情。

十三、己所不欲，勿施于人。

十四、凡求教他人的事，必须造门[②]请问。

注释

① 纳履：穿鞋，提鞋子。履：鞋子。

② 造门：登门拜访。

解读

十、遇到一些紧急事情的发生，要镇静处理，越慌乱越处理不好。比方说万一遇到失火这样的突发事件，火势如果还很小，就要想办法灭火，如果火势很大，就要选择逃生，冷静判断出口在哪里，不可东一头西一头乱跑。对于一些自己做不到的事情，不要随便夸口，承诺了却做不到，最终被人嘲笑。

十一、做事情要避免不必要的嫌疑，比如说经过瓜田，不可弯腰提鞋，以免被人怀疑偷瓜；经过李树下不要举起手来整理帽子，以免被人怀疑摘李子。再比如，失窃现场一定不要进入，以避免招惹无端的怀疑。

十二、做事情的时候要有理智，要冷静思考，不可以感情用事。比方说，和小伙伴一起做事情的时候，要考虑这些事情能不能做，有没有危险，合不合法，不能因为小伙伴的起哄或怂恿，头脑一热为了哥们儿意气，做那些让家人伤心，让自己后悔的事情。

十三、自己不喜欢的事情，不要施加到别人身上。比如一些过期的食物，自己不想吃，扔掉又很可惜，就送给朋友，这样做是不对的。

十四、如果向别人请教一些事情，要登门拜访请教。当然，现在通讯发达，向朋友请教一些小的事情可以通过电话、网络完成，不一定非得登门，但一些重要的事情还是需要亲自登门，这样显得正式，也能把事情说的更清楚一些。

第四章 | 聚 餐

亲朋友好友一起聚餐，其乐融融，可以增进感情，相互交流还可以增加知识见闻。餐桌礼仪最能体现一个人的修养和素质。举止优雅的人才有可能素质高雅，一个无视别人、吃相贪婪的人是不会有好的修养的，别人也不会和他交朋友。粗鲁无文的人可能很善良，但肯定不会是个优雅的人。

一、座有次序，上座必让长者。

二、入座后不横肱，不伸足。

三、主先举杯敬客，客致谢辞。

四、主人亲自烹调，须向主人礼谢后食。

五、主人敬酒毕，客须回敬主人。

解 读

一、就餐之前落座的时候，座位要分主次，年纪大的长辈要坐在主要的位置上。

二、入座后手肘不能横摆在桌上，如果就餐的人多，这样别人就坐不下了。脚不要在桌子下面乱伸，以免踢着别人。

三、开始进餐的时候，主人会先举杯示意，向客人致敬。客人应该紧随主人致敬后感谢主人的热情款待。

四、主人亲自下厨做饭招待客人，进餐前应该先向主人表示谢意和歉意。感谢主人的热情款待并向主人道歉，因为这次来访给主人带来了很大的麻烦。

五、主人向客人敬酒后，客人应该回敬主人。这样才能显得敬重主人。

六、举箸匙，必请大家同举。

七、用箸夹菜，只取向己之一方者，不立起向他角器中取菜。

八、箸匙不向碗盘顶心取菜取汤。

九、公食之器，不用己箸翻搅。

十、匙有余沥必倾尽，方再入公食器中。

解读

六、大家落座寒暄后就可以开始用餐了，但这时候不要拿起筷子、汤匙什么的自顾自地开始取菜。拿起餐具后要招呼大家一起取菜，等大家都准备好后，再一起进餐。

七、用筷子夹菜的时候，尽量只取自己面前盘子中的菜，不要去夹离自己远的菜，够不着站起来更是不可以。主人也会很体贴地把好吃的菜放在离客人最近的位置，客人就更不用站起来夹菜了。

八、用筷子夹菜或用汤匙取汤的时候，不可以从盘中菜的顶端或者汤的中心下筷或下匙。要从菜盘或汤碗的边缘下筷或下匙，而且速度要慢，不能把菜或汤洒在桌面上。

九、如果大家一起吃饭，不是分餐制，那么不能用自己的筷子或汤匙在菜盘或汤碗里翻搅或挑拣。只夹取最上层的部分，不翻找下面的菜。

十、用汤匙取汤时，要把汤匙内剩余的汤汁倒干净，再去取汤，不可以把自己吃剩下的汤汁再带回汤碗。

十一、自己碗中之肴菜，不可反回公器中。

十二、箸匙所取肴菜，不倍于他人。

十三、食勿响舌，咽勿鸣喉。

十四、公食以不言为原则，须言亦应避免唾沫入公器中。

十五、咳嗽必转身向后。

解读

十一、夹到自己碗碟中的菜，就算夹错了，夹了一个自己不喜欢吃的菜，也不可以将它重新放回菜盘。

十二、每次夹菜或取汤的时候，量不可以太大，不要明显多于他人。因为如果一次夹得太多会显得贪婪，至少会显得太贪吃。

十三、嚼的时候嘴皮和舌头都不要发出“巴叽巴叽”的声音，吞咽的时候喉咙不要发出“咕咚咕咚”的声音。

十四、大家一起吃饭的时候要少说话，如果不得不说，也要很小心，轻声细语，同时用手把嘴掩起来，以免唾沫飞溅到饭菜里。

十五、吃饭的时候如果呛着或者其他原因忍不住要咳嗽或打喷嚏，要转过身去捂住口鼻后再咳嗽或打喷嚏。吃饭的时候不可以打嗝。控制不住，咳嗽、喷嚏、打嗝后要轻声说“对不起”。

十六、勿叱狗，不投骨于狗。

十七、碗中不留饭粒。

十八、不对人剔牙齿。

十九、客食未毕，主人不先起。

二十、起席，主逊言慢待，客称谢。

二一、宴毕，主人进巾进茶。

解读

十六、吃饭的时候，如果狗在桌子下面钻来钻去，这时候不能呵斥狗。因为你一训斥狗，就得勃然变色，声音就是高八度，客人会感觉很不舒服。不要把餐桌上的骨头喂狗，那样的话狗会更加卖力地到处乱拱。

十七、客人要把自己碗里的米饭吃干净，一是节约粮食，二是对主人辛苦劳动的尊重。

十八、饭菜塞牙的话，要背过身剔牙，不要对着别人剔牙，至少得用一只手挡着嘴再迅速地轻轻把牙剔好。

十九、客人还没有吃完，主人不要起身离席。要等客人吃完后，征询客人有没有吃饱，要不要再加饭，客人明确表示已吃饱，这时主人才可以起身。

二十、大家都吃饱，起身离席，这时候主人要谦逊地表示歉意，请客人原谅招待不周。客人则要连连感谢，感谢主人的热情款待。

二一、吃过饭，主人要为客人递上纸巾擦手，然后泡茶请客人品茶。

第五章 | 出 门

人一旦出门在外，就身处公共场所，要与陌生的人打交道。这就和与家人朋友的交往有所不同，需要格外注意我们的行为举止，要给别人留下好的印象。另外，出门在外会有很多风险，安全问题也是一个十分需要注意的问题。

一、衣冠不求华美，惟须整洁。

二、见长者，必趋致敬。

三、登高不呼，不指，不招呼。

四、路上不吸烟，不嚼食物，不歌唱。

五、乘车见长者必下，见幼者亦须与之颔[1]首为礼。

注 释

① 颔（hàn）首：点头，低头。

解读

一、穿衣不一定非得件件名牌，只要干净整洁，大方得体，符合自己的身份就可以了。

二、见到长者，要赶紧向前致敬，问候打招呼。那种假装没有看见，或者爱理不理的孩子都是缺少教养的。

三、登高望远的时候，比如说登山，或者登上很高的建筑（如电视塔等），不要大声呼喊，不要用手到处乱指，因为你的位置很高，在指东指西的时候容易被下面的人误会你在指他。不要大声招呼同伴。其实，不要大声喧哗是一条需要随时谨慎遵守的规定，除非紧急或有危险，永远不要大声吵闹，尤其是在一些安静的场所，比如图书馆、博物馆等等，更不可以大声吵嚷。

四、走路的时候不要吸烟，不要边走路边吃东西，不要边走边唱。尤其现在大街上车辆行人繁多，需要集中注意力，一做别的事情就容易分神，发生危险就不好了。

五、乘车的时候如果见到熟悉的长辈，一定要下车打招呼，见到年纪比自己小的，也要点头致意。当然这里主要讲私家车，坐公交车的时候你就不能下车，你一下车，一车乘客就得等着你。另外，就算是私家车也得看当时的情况，如果路上车速很高，你在路边见到一个认识的长辈，不能急刹车和他打招呼，这样有追尾的危险。下车的时候也得注意会不会造成后面的堵车。

六、夜必归家，因事不能归时，必先告家人。

七、车马繁杂地区，不招呼敬礼。

八、不立在路上久谈。

九、不走马路中间，越路须先向左右看清，不可与汽车争路。

十、行走时，步履宜稳重，并宜张胸闭口，目向前视。

解读

六、夜里一定要回家，不能随意在外面留宿。如果确实不能回家，也一定要告诉家人，跟家人说明不能回家的原因，并且跟家人说清楚夜里留宿的地方，让家人确信你的安全。

七、在车辆行人很多的路上，见到熟人，无论是长者还是幼者，都不用打招呼。如果双方都看到了对方，可以用微笑、挥手、点头的方式远远致意，然后各自前行。当然，如果对方是久违的尊长或朋友，就不能一点头而过，需要避开行人，找一个安静的地方叙叙旧。具体时间长短需要视情况而定。

八、不要站在路上久谈。因为既然大家都出门在外面，一定有自己的事情要去办，所以如果没有重要的事情要说，寒暄几句后就可以各自去做自己的事情，不要打乱原订计划。如果在一条交通繁忙的路上，待久了还会影响别人出行。

九、行人靠右行走，过马路的时候要先左右观看，确保安全后再迅速通过。不要与车辆争路。如果有红绿灯一定要按红绿灯的指示过马路，这样最安全。

十、走路时，要走得稳稳当当，最好的走路姿势是抬头挺胸，嘴巴微闭，目视前方。不要急走急停，不要突然改变行走的路线。

十一、遇妇女老弱，应尽先让路让座。

十二、途次有人问路，须详为指示；问路于人，须随即称谢。

十三、一人不入古庙，两人不看深井。

十四、逢桥先下马，过渡莫争船。

十五、在舟车上或飞机上，不探首或伸手出窗，并不得随便涕痰。

解读

十一、在公交车上遇到老弱病残孕等乘客，要率先让座；在路上遇到老弱病残孕等路人，则主动为她们让路。

十二、路上遇到有人问路，要耐心详细地为他指路；如果自己找不到某个地方，向别人问路后要赶紧致谢。

十三、一个人不去古庙，因为古庙里很多时候人比较少，这里就可能有歹徒隐藏。如果自己一个人去古庙，人单力薄容易被坏人劫持或受到坏人侵害。两个人不要一起去看深井，如果一不小心发生碰撞就有危险了，同时也得提防别人心生歹意。

十四、骑马行路的时候，遇到桥要下马牵着马过桥。乘船过渡口，要排队依次上船，一定不要争抢拥挤。古时候常常以马为交通工具，过桥的时候如果马受惊，人就有可能被甩到河里，所以过桥的时候要先下马，把马牵好，慢慢过桥。现在的桥一般建的都比较宽敞，也不骑马了，这种危险就没有了。但无论是行走还是骑自行车，过桥的时候还是要谨慎小心。就算是开车通过桥面，也要减速慢行。上船的时候要排好队，依次登船，因为船身会随水面晃动，如果登船的时候发生拥挤就容易站立不稳，从而导致落水。

十五、无论在船上、车上还是在飞机上，都不可以把头探出窗外，把手伸出窗外也不可以，容易被旁边急驶而过的交通工具碰到，因为速度很高，一旦碰到会受到严重伤害。在车上也不能随地吐痰——事实上在任何时候都不可以随地吐痰。

第六章｜访人

人要多和别人交朋友，扩大自己的交际圈，这样就要学会和别人的交往。尤其是和陌生朋友第一次见面，更得注意礼节，从着装到言谈举止都不可掉以轻心。拜访别人是人际交往中重要的环节，因为这时候交往空间比较私密，不属于公共场合，容易增进感情。

一、先立外轻轻扣门，主人让入方入。

二、入内有他客，主人为介绍，须一一为礼，辞出时亦如之。

三、入内见有他客，不可久坐；有事，须请主人另至他所述说。

四、坐谈时见有他客来，即辞出。

五、坐立必正，不倾听，不哗笑。

解读

一、拜访别人，到主人家门口后，要在门外轻轻敲门，就算是主人家门是敞开的，也得先敲门，不可以径直登堂入室，要等主人请进的时候再进。敲门的时候也得注意，不可以太响也不可以太轻声，要有规律地敲，可以连击三下，稍作停顿，再敲三下。等几秒声，如果没有回应则再继续敲，如果还没有回应则可以相应地加大力度。

二、进到主人家后，发现已经有其他客人先到，就算自己不认识，也得和他们一一打招呼，并介绍自己。拜访完主人离开的时候也要和他们一一道别。

三、到主人家见有别的客人后，就不要在主人家呆太久了，尽快告别主人，以免打扰主人会客。如果有事情要谈，请主人到别的房间单独说。当然如果主人说不必回避则可当众说出。

四、如果在拜访的过程中，主人有其他客人到来，自己则尽快告别主人离开，以免打扰主人会客。遇到这种情况，到底是哪个客人离开或者大家都留下来，则要看主人的意见。

五、和主人交谈时，要坐的端端正正，身体不要前倾，不能在别人家大声喧哗哄笑。

六、不携一切动物上堂。

七、主人室内之信件文书，概不取看。

八、谈话应答必顾望。

九、将上堂，声必扬。

十、户开亦开，户阖亦阖；有后入者，阖而勿遂[1]。

注释

① 阖而勿遂：指前面进入的客人，要做一个关门的动作，但没有把门真正关上。这是提醒后面进入的人不要忘掉关门。阖，同“合”，闭。

解读

六、去拜访别人的时候，一定不要带任何宠物。因为主人可能会担心宠物失控咬人，也可能会担心宠物传播疾病。纵然这些担心都是多余的，但让主人放心也不是容易做到的事情，所以干脆不带宠物是最好的办法。

七、主人家里书信等一切私密材料，都不要打开看。这些东西都涉及个人隐私。别说涉及到隐私的东西不能随便乱动，就是去相对公开的空间，也得先征求主人的同意。比如说，用卫生间前也得先经过主人的同意；如果想参观主人的房间也得先征询主人意见。

八、和主人谈话时要注视对方。注视对方时不可直盯对方眼睛，要把自己的目光注视点放在对方的鼻子或嘴巴部位，眼神还要有时不时的交流，这样让人既觉得你在关注这件事情也没有逼迫感。

九、如果客厅里没有人，在门口等了好久后，你可以进到家里，但要大声打招呼，比如大声询问：“家里有人吗？”“谁在家啊？”

十、你进到主人家后，要保持门的状态不变，如果本来是开的，就还让门敞着；如果原来是关的，进来后就把门再关上。如果是好几个人一起来拜访，前面进来的人要对后面的随行者做个关门的动作，示意最后的人进来后别忘了关门。

十一、主人欠伸，或看钟表，即须辞出。

十二、饭及眠时不访客。

十三、晋谒[1]长官尊长，应先鞠躬敬礼，然后就座；及退，亦然。

十四、与长官尊长，及妇女行握手礼时，应俟[2]其先行伸手，然后敬谨与握。

十五、访公教人员，必先问明其上班钟点，不可久坐闲谈。

十六、访客不遇，或留片，或写字登留言牌。

注释

① 晋谒（yè）：（正式地）拜见。

② 俟（sì）：等待。

解读

十一、在拜访聊天过程中，主人如果伸了一下腰或有看表的动作，说明主人累了或者有别的事情要做，客人应该赶紧告辞。

十二、在吃饭及睡觉的时间段不拜访别人。在这个时间段也要尽量不给别人打电话。

十三、拜见尊贵的上级或者长者，见面时要先鞠躬，然后就座。告辞的时候也要这样。

十四、作为一个男士，与尊贵的上级、长者或者女士握手时，应等他们先伸出手，自己再赶紧上前握手，并保持谨慎与尊重。

十五、如果拜访的是公务人员或者老师，他们上班的时间要求严格，所以要先问清楚会不会耽误他们上班，而且不要太长时间闲谈。

十六、如果拜访时主人不在家，就留下一张名片，或者写个字条。如果主人家有留言牌，也可以在上面留言。

第七章 | 会 客

与拜访不一样，拜访是去别人家，一般是自己有求于人；会客是在自己家，一般是别人有求于己。因为是在自己家中，更应该注意礼节。

一、见先致敬，熟客道寒暄，生客请姓字住址。

二、及门先趋，为客启阖。

三、每门必让客先行。

四、入门必为客安座。

五、室内有他客，应与介绍，先介幼于长，介卑于尊，介近于远，同伦①则介前于后。

注 释

① 同伦：平辈，地位同等的人。

解读

一、如果有客人来访，和客人见面后，如果是熟客就先寒暄一下，简单地问候一下近况；如果是生客则先请问对方的姓名以及住址，有了基本了解后才方便聊天，这样容易找到谈话的主题。

二、进门或出门的时候，快到门口时，主人要快走一步，为客人把门打开。

三、只要是进门，都要让客人先进，让客人走在前面。

四、进门后，要赶紧为客人准备座位，如果家中已有座位，就请客人在某个椅子或沙发上落座。

五、如果家中已有客人先到，应该把他们相互介绍一下。介绍时，先把年轻人介绍给长者，先把地位低的介绍给地位高的，先把关系近的介绍给关系远的。如果客人们是同辈的人，就按时间顺序把先到的介绍给后到的。

六、敬茶果先长后幼，先生后熟。

七、主人必下座，举杯让茶。

八、客去必送致敬，远方客必送至村外或路口。

九、远方客专来，须备饮食寝室，导厕所，导沐浴。

十、远方客去，必送至驿站，望车开远，始返。

解读

六、请客人喝茶或吃水果的时候，要先敬年长的再敬年幼的，先敬关系不是太熟悉的，再敬关系亲密的。因为关系亲近的可以不太拘于礼节，对于关系生疏的在礼节上要保持谨慎。

七、主人一定要坐在下座，位置尊贵的地方留给客人坐，无论客人是长辈还是小辈。主人要不断举杯请客人喝茶，不要对客人不管不顾而让客人自斟自饮，这样的话，客人就会觉得被慢待或轻视。

八、和客人告别的时候一定要向客人表示敬意，感谢客人的来访。如果客人是从远方来访的，那么一定要送的远一些，应该送到村口或路口。

九、如果是远方的客人专门来看望，不是因为出差或办事顺道而来，那么就应该留宿客人。给客人准备可口的饭菜并给客人打扫干净一个房间让客人住宿，并把厕所和洗澡的地方引见给客人。

十、远方的客人要告别的时候，一定要把客人送到车站，等客人坐的车开远了才可以返回家。

第八章 | 旅 行

行万里路，胜读万卷书。旅行不仅仅是一种阅历，还是一种修行。因为旅途中有各种各样的见闻，还与行行色色的人交往。好的礼仪与规范，一定让你的旅程更舒心，更快乐！

一、将远行，必辞亲友，祭祖辞亲。

二、远到目的地，必先拜访有关人士。

三、归来必谒亲友，或略送土物。

四、远行之亲友辞行，必往送行，事前或赠物，或宴饯。

五、远方客来拜访，须往答拜，或设宴接风。

解 读

一、如果自己有远游的打算，比方说出国留学，在出发前一定要向亲友告辞，告诉他们自己的行程，并且去祭拜一下祖先，在祭拜的时候也跟他们说一下自己的行程，以求得先人护佑。

二、到目的地后，一定要拜访一下当地和自己这次行程有关的人物，因为现在通讯方便，最好出发的时候就和他们联系好。提前沟通，及时沟通，可以让自己这次出门办事更顺利。

三、从远方回来，一定要去拜访一下亲友，如果能送上一些从外地带来的小特产就更好。亲友们会很高兴，说明你只身在外的时候还想着他们。

四、如果有亲友要出远门，来和你告别，一定要在他出发那天为他送行，也可以赠给他一些小礼物，或者为他准备一些路上用得着的东西，或者请他吃饭，为他饯行。

五、远方的客人来拜访，需要回访客人，或者为客人设宴接风。

六、旅人归来拜，须诣回拜，或设宴洗尘。

七、受人之送行及饯别，达到所在地，须一一函谢。

八、人之接风或洗尘毕，须还席。

九、入境问禁，入国问俗，入门问讳。

十、入国不驰，入村里必下车马。

解读

六、如果有朋友出门在外很长时间，回来后来探望你，你要随后找时间回拜他，或者设宴为他接风洗尘。

七、如果自己远行前有朋友为自己送行，或者宴请自己，那么到达目的地后要赶紧写信告诉他们，免得朋友们一直挂念。现在通讯发达，不需要再一一写信，但一定要打电话或者从网络上告诉朋友们自己已安全到达目的地。

八、如果别人为自己接风或洗尘，要回请他们。

九、到一个陌生的地方一定要操持谨慎，以免因为自己对这里的环境或风俗的无知给自己或别人带来麻烦。到一个陌生的地方要先问问这里都有什么事情是不许做的。到一个陌生的国度要先问问这里有什么与众不同的风土人情。到别人家里的时候要及时问一下这家人有没有什么忌讳。

十、到一个陌生的国度不要纵马狂奔，经过一个村庄一定要下车马步行通过。现在的人不再骑马出行，一般是开车，需要遵守当地的交通规则并注意减速慢行。

第九章 | 对 众

和众人在一起的时候，或者在公共场所，要对自己的行为格外注意，以免打扰和影响别人。和众人中的某人交往的时候，也要注意自己的言谈举止不要冒犯了无关的第三方。

一、他人正谈话，不在中间插言。

二、两人对谈，不向中间穿走。

三、不高声喧哗扰乱他人视听。

四、不横坐，不横腿，不扪脚。

五、不隔席谈话。

解 读

一、别人在谈话的时候，自己不要插言。如果确定需要表述自己的观点也要等他们谈话稍有中断的时候表达。如果情况较紧急，自己的观点需要马上表达。也要先致歉意要表达。

二、如果有两个人在面对面谈话，不要从中间穿过。当然，我们和朋友谈话的时候要注意，别影响了别人的通行。

三、在公共场所不要高声喧哗，以免影响别人。

四、坐在座位上要端端正正，不要把身体横过来坐，尽量不要把腿伸到长椅上平放，不要把鞋脱下来，更不要抠脚。

五、参加宴会的时候，顶多和旁边座位上的人小声交谈，不要和相隔比较远的座位上的人谈话。因为离的远，如果要说话声音就得很大，宴会因此会变得吵吵嚷嚷。

六、坐不掀起椅凳之后方。

七、衣帽不加于他人之衣帽上。

八、不向人喷水吐痰。

九、不向人呵欠，舒伸，嚏喷。

解读

一、坐在椅子上，不要把后面两个椅子腿掀起来。当然，坐在椅子上向后仰，把椅子前面两个腿抬起来也是不可以的。

二、放衣帽的时候，不要放在别人衣帽上面。比如参加宴会，来的晚一些，别人的衣帽都放好了，自己放衣帽的时候不要压在别人的衣帽上面。如果实在放满了，可以询问主人还有没有别的地方可以放衣帽，或者征询一下先放者的意见，可不可以放在他衣帽的上面。

三、漱口、吐痰的时候不要对着别人。

四、不要对着人打呵欠，伸懒腰、打喷嚏。

第十章 | 馈 赠

生活中我们常常会收到别人的礼物或者赠送礼物给别人，用以表达敬意与谢意。大家的情谊就在这种礼尚往来中慢慢建立起来。但馈赠礼物也是要讲究分寸或方式的，比如说馈赠别人礼品的时候要量力而行，不可以超出自己的承受能力，那样的话，既让自己吃力也让对方颇感压力，反而让朋友关系变得微妙。

一、礼尚往来，来而不往，往而不来，皆非礼也。

二、赐人不曰来取，与人不问所欲。

三、赠人物品，必谦必敬。

四、赠人物品，外必用包裹，婚丧庆寿例外。

五、平素赠物，座有他客，须避观听，远来及初晤，可不避。

六、受赠先略谦辞后受，称谢，逾日须往拜。

七、长者赐，不敢辞。

解读

一、在礼物馈赠上，要讲究礼尚往来，总是接受别人的礼物，或者总是送给别人礼物都是不合礼仪的。

二、赠送给别人礼物的时候，不能说："某某某啊，我昨天出差刚回来，给你买了个礼物，你来拿吧！"这样的话，人家肯定是不会来取这个礼物的，如果来取这个礼物，人家会有羞辱感。如果想送给别人一件礼物，可是不知道送什么好，不知道对方喜欢什么。就算是不知道，也不可以问对方："那谁啊，我在商场呢，想给你买个礼物，你想要什么啊？"这样问是不可以的，如果这样问，别人肯定会说："不要，不要，我家里什么也不缺，什么也不要，你别买啊！"因为如果别人告诉想要什么，就会觉得下贱。而且你这样做，也让别人觉得没有诚意。

三、赠送给别人东西的时候，态度一定要很谦虚，很恭敬。如果稍有高傲，别人就会觉得受屈辱，感觉是受到施舍。

四、赠送给别人礼物一定要包装好，我们有很多人在这方面做得不好，给别人买了礼物不做任何包装和美化，直接就送给人家了，甚至连标签也不撕下来，其实这是不够用心的表现。不过，在婚礼、祭奠以及祝寿的时候送的礼物不用加外包装。

五、在不是重大节日或纪念日的时候，也就说日常赠送别人礼物，如果有其他的客人或朋友在场，则需要避开他们。不过，如果我们是远道而来或者初次见面，则不用回避其他人。

六、接受别人赠送的礼物，要先表示推辞再接收下来，推辞的时候不可以太坚决和义正辞严，这样别人会觉得失落和没有面子。接收礼物后要真诚地向对方道谢。几天后要记得去拜访对方，也要给对方带相应的礼物。

七、长辈赠送东西的时候，不能推辞。接收的时候一定真诚地感谢对方。

第十一章丨庆吊

人总有生老病死，无论是欢乐还是悲伤，这个时候人的情绪都不是特别稳定，参加这样的场合，尤其得注意自己的言行举止。

一、参加吉礼，不谈衰丧话，不戚容，不啼泣。

二、居丧不参加吉礼，只送仪物。

三、丧服不入公门，不观吉礼。

四、贺婚在众宾前，辞不谐谑。

五、临丧不笑。

六、里有殡，不巷歌。

七、饭于丧家，酒不赭颜。

八、佩会葬徽章者，礼终即卸去，不佩带他往。

解读

一、参加喜庆场合的聚会，比方说结婚、生子、升迁、升学等等，这个时候不要说一些不合时宜的丧气话，不要哭丧着脸，更不要哭哭啼啼的。要表现得很快乐，主人就会觉得你替他高兴，这样大家的距离就拉近了。

二、如果自己正处于居丧期间，比如说有亲人去世，就不能去参加别人喜庆的庆典，只奉送上礼物以示祝贺就可以了。

三、服丧期间，如果还穿着孝服，不要公干，不围观别人家喜庆类庆典。

四、参加别人的婚礼，在众宾客面前说话要注意，不可轻浮，开玩笑不可以下流。也就是说，向新人祝福要真诚。

五、参加丧礼的时候不可以随意开玩笑。

六、邻里有人家遇到丧事，虽然说和自己关系不大，但也要保持安静与严肃，不可以在家里或者胡同里放声高歌。别人听到会反感，以为你幸灾乐祸。

七、参加丧礼在主人家吃饭，如果需要饮酒，要注意控制量，不能喝得脸红脖子粗。

八、参加丧礼的时候，如果来宾要佩带徽章或者白花、黑纱类东西，参加完丧礼就摘下来，不带着这些东西去别的地方。

第十二章 | 称呼

称呼对方是人与人之间交流的前提。称呼是对双方关系的一种明确，每个人找到自己的位置才能有下一步的顺利交往。称呼是对双方名份的确定。古人说："名不正则言不顺"，所以说，确定名份是人际交往的第一步，而称呼就是对名份的认同。

一、初见面之人问姓，曰贵姓，问名，曰台甫[1]。自说姓曰敝姓某，说名曰草字某某。

二、有亲戚世交者，应各以其名分彼此相称。普通称人曰先生或某兄，自称曰弟。老者长者，称曰老先生，自称曰后学，或称自名。

三、称人之父曰令尊，母曰令堂。向人称自父母，曰家严，曰家慈。见朋友之父，称老伯，母称伯母，自称晚或侄。

四、称人之兄弟，曰令兄，曰令弟。向人称自兄弟，曰家兄舍弟。称人之姊妹，曰令姊令妹。向人称自姊妹，曰家姊舍妹。

五、称人之妻，曰令正或尊夫人，向人称自妻，曰拙荆或贱内。见人之妻称嫂，自称己名。

六、称人之子，曰令郎或公子，称人女曰令爱，或女公子。向人称自子，曰小儿，女曰小女。见人子称世兄，自称弟，称女曰世姐，自不称。

注释

①台甫：对人的敬称，用于询问对方的表字。

解读

一、和人初次见面，请教别人姓什么，要说“您贵姓”？问别人的字的时候要说“请教您台甫怎么称”？向别人介绍自己的姓氏的时候要说“敝姓某某”，说自己的名字的时候则说“草字某某”。我们问别人的时候要说：“您贵姓？”如果别人问我们“您贵姓”，我们要态度恭敬地说：“免贵姓某。”而对方如果问：“您怎么称呼？”我们就不要说“免贵某某”了，直接回答姓什么叫什么就可以了。

二、两家有亲戚关系或者是世交家庭，则应该按两家的关系辈份来称呼。一般关系的人则称对方为先生或者某某兄，自称为弟。对于年长者，则称呼他为老先生，自称为后学，或者直接称呼自己的名字。

三、称呼对方父亲的时候为令尊，称呼对方的母亲为令堂。和别人交流的时候称呼自己的父亲为家严，称呼自己的母亲为家慈。拜见朋友的父亲，要叫老伯，称呼朋友的母亲要叫伯母，自称为晚辈或者小侄、侄儿。

四、称呼对方的哥哥为令兄，称呼对方的弟弟为令弟。向别人称呼自己的哥哥为家兄，称呼自己的弟弟为舍弟。称呼对方的姐姐为令姊，称呼对方的妹妹为令妹。向别人称呼自己的姐姐为家姊，称呼自己的妹妹为舍妹。

五、称呼对方的妻子为令正或尊夫人，向别人称呼自己的妻子为拙荆或贱内。拜见别人的妻子要称呼她为嫂，自己称呼自己的时候直接说名字即可。

六、称呼别人的儿子为令郎或公子，称呼别人的女儿为令爱，或者称呼女公子。向别人称呼自己的儿子为小儿，向别人称呼自己的女儿为小女。